AF315200

DE L'ANCIENNE ORGANISATION DE LA PROPRIÉTÉ TERRITORIALE

DANS LE MIDI DE LA FRANCE

DE L'ANCIENNE ORGANISATION DE LA PROPRIÉTÉ TERRITORIALE

DANS LE MIDI DE LA FRANCE

(Extrait du n° de janvier 1891 de la *Revue des Pyrénées*.)

DE L'ANCIENNE ORGANISATION DE LA PROPRIÉTÉ TERRITORIALE

DANS LE MIDI DE LA FRANCE

EXAMEN DE QUELQUES THÉORIES DE M. LAMPRECHT. — Le docteur Karl Lamprecht, aujourd'hui professeur à l'Université de Bonn, publia, en 1878, des *Etudes sur l'état économique de la France pendant la première partie du moyen âge.* C'est de ce livre, rapidement revu par l'auteur & augmenté d'un récent travail du même écrivain, que M. Marignan a donné, en 1889, une traduction française.

M. Lamprecht, émet au sujet de l'organisation des exploitations agricoles, notamment dans le Midi de la France, des théories nouvelles; il constate des faits & découvre des lois que n'avait signalés aucun des maîtres français dont le nom fait autorité en ces questions. J'ai cru faire œuvre utile en recherchant si les observations de cet érudit étaient exactes & ses déductions logiques.

Cet examen porte sur certains passages du chapitre II de la deuxième partie, intitulé : *Le système des champs & la division de la terre,* pp. 144 & suiv. de la traduction.

Le chapitre débute par de brèves considérations sur la prépondérance de l'agriculture &, partant, des villages au onzième siècle, & sur l'importance numérique de la population des centres agricoles [1]; après quoi l'auteur aborde l'étude des manses.

« Le *mansus* avait été à l'origine & était encore, dans tous les villages, le fond rustique. Il comprenait tout ce qui était nécessaire à la culture rurale, l'enclos & les bâtiments, le champ, le pacage, la forêt

---

[1] « Le nombre des exploitations indépendantes variait suivant les villages; il pouvait s'élever jusqu'a quarante; le chiffré le plus ordinaire était de quinze à vingt.» — Comme preuve M. L. cite un village de quarante trois exploitations, ce qui n'établit pas précisément que quarante soit un maximum; il aurait pu d'ailleurs signaler après M. Deloche (Introduction au *Cartulaire de Beaulieu,* p. CI, note 2), deux villages de soixante & de cent manses. Les autres preuves fournies par M. L. sont d'ailleurs tout aussi peu convaincantes : une donation de sept *areæ hospitum* dans la banlieue de Nogent (D. Bouquet, t. X, p. 617 E) ne nous apprend rien sur la population des villages; j'en dirai autant de la donation de dix-huit *areæ hospitum* à Candela, car il pouvait y avoir dans un territoire des hôtises appartenant à plusieurs propriétaires & des tenures qui n'étaient pas des hôtises; la donation de trois *milites* habitant une même *villa* n'implique nullement que tous les habitants de la *villa* fussent des *milites* ou qu'il n'y eût pas dans cette *villa* d'autres *milites* que les trois désignés. Des textes que M. L. a invoqués & que j'ai pu vérifier, il n'en est pas qui comportent les conclusions que cet auteur en a déduites; le *locus qui vocatur Absa* pouvait n'être qu'un hameau, un quartier de village, si même il a existé, ce qui n'est pas certain. (Voy. *Cartulaire de Saint-Père de Chartres,* p. 38).

& l'eau. C'est une unité économique & non une unité de valeur. Il peut bien servir de base approximative, mais il ne peut être considéré comme un étalon. Il porte quelquefois un nom particulier, signe de sa longue durée (??) Les édifices d'exploitation sont bâtis dans la ferme. Celle-ci comprend, en outre, ordinairement un jardin, & encore assez de place pour des constructions servant à des usages domestiques. Les fermes étaient en général entourées extérieurement par un fossé. »

La note[1] ne nous renvoie qu'au Cartulaire de Saint-Père de Chartres, p. 36, & cite un seul manse dont « l'area », nous dit M. L., « est grande d'une *pertica* & close d'un fossé extérieur. » Ce fait unique légitimerait-il une généralisation ? Je ne le pense pas. Reportons-nous cependant à la charte indiquée ; il s'agit des redevances auxquelles est soumis un tenancier : « A Demainville était un manse que tenait alors Frogaudus ; celui-ci devait, pour son manse, labourer quatre perches carrées l'hiver..... » ; dans cette énumération des corvées, se trouve énoncé le service suivant : « *Claudit circa curtem vel de fossato perticam unam.* » Et c'est tout ; de manse entouré par un fossé, il n'est nullement question. Au surplus, la preuve que l'interprétation de M. L. est inacceptable, c'est qu'il est impossible de n'assigner à l'*area*, c'est-à-dire à une ferme & à ses dépendances immédiates, qu'une superficie d'une perche.

« Autour du village est situé le territoire, qui le plus souvent l'enveloppe & se divise en forêt & en terre arable. De celle-ci on ne cultive que la partie indispensable à l'économie agricole ; elle est située dans le voisinage du village. Le terrain cultivé est généralement divisé en soles ; il y en a au moins trois, conformément au système de l'assolement à trois soles qui se trouve employé par tout le pays. Dans ces dernières, les champs s'allongent comme de longs fils, sous la forme qui est propre à cette répartition de la culture. »

Parmi les textes destinés à appuyer ces assertions[2], les uns démontrent simplement l'usage des jachères ; je ne retiendrai que les preuves relatives à l'assolement triennal. Voici d'abord des redevances dues de trois en trois ans : une en blé (? *tria modia tremedusii*), l'autre en cidre. Pour le blé, j'accepte le raisonnement, non pas comme topique, mais comme plausible ; quant au second fait, je ne vois pas qu'un rapport puisse exister entre la rotation des cultures & le terme de payement d'une redevance de cidre.

Je passe à un autre argument : « Cart. Trinit., p. 458, 74 (1068), nous montre, à ce qu'il semble, les prairies atteignant un prix plus élevé que les champs, ce qui indiquerait l'assolement à trois soles. » Je confesse que je ne saisis pas.

« Signalons, *comme particulièrement instructif*, la vente d'un mansus,

1. P. 145, note 2.
2. Page 146, note 2.

Cart. Mâcon, pp. 278-9, 513 ; son *area* à 32 *perticas* de long, 8 à 10 de
de large, en tout environ 170 p. carrées. De plus un vignoble long de
11 *pert.*, large de 5 *pert.*: surf. d'env. (??) 55 *pert.* carrées.

« Un campus » 31 » » 5 » » » 155 ».

« Un campus » 44 » » 3 1/2 » » » 154 »

Qu'était-ce que ces *campus*? Nous l'ignorons ; des vignes peut-être ou
des prés. M. L. a pris soin de nous le dire : « Campus n'a aucun sens
spécifique ; il signifie toute surface propre à la cuture.....; cf Cart.
S. André, 230 (28 janv. 1083) : *Campum... qui... nunc plantatur vineis*[1] ».
Ainsi donc, le manse dont il est question comprend une vigne & deux
terres dont nous ne pouvons pas connaître la nature. Ceci étant posé,
voici les conclusions de M. L. : « Nous avons donc : 1° trois soles ; 2° l'é-
galité des trois soles (évidemment (!) on avait vendu une parcelle du
vignoble, & dans le sens de la longueur, car la largeur n'a pas varié.
Cette charte & les autres citations montrent qu'il y avait au moins
trois soles dans la Marck. » Il est superflu d'insister sur l'étrangeté de
ce raisonnement, qui introduit une vigne parmi les soles d'un manse.

On voit si M. L. est autorisé à corriger, sans plus de preuves, les
prétendues erreurs de Guérard sur le sens du mot *cultura.*

La forme des champs n'a guère rien à voir avec la périodicité de la
culture. Qui pourrait dire pour quelles raisons telle pièce de terre
citée dans un acte du onzième siècle est plus longue que large? C'est
le résultat de mille causes qui nous échappent absolument. Que s'il
faut expliquer ce fait, pourquoi ne pas s'en tenir à cette considération
que le laboureur avait intérêt à tracer de longs sillons pour retourner
moins souvent sa charrue ?

« Les lots de terre appartenant au même propriétaire semblent avoir
été dans les différentes soles d'égale grandeur. Ce n'est qu'ainsi qu'il
est possible de concilier la variété de culture avec l'identité des besoins
du paysan. »

M. L. signale deux exemples[2], l'un d'après le Cartulaire de Mâcon,
que je n'ai pas sous les yeux ; le second, qui est sans doute plus con-
vaincant, puisque l'auteur transcrit, d'après le Cartulaire de Romans,
une partie de l'acte. Voici cet extrait : « Terra illa non est continua,
sed in tribus partibus divisa... Pars tertia... est maior... Adhuc est pars
quarta, de qua nihil diximus. » Il est indispensable de présenter au sujet
de ce texte deux observations préliminaires : en premier lieu, M. L.
croit que la répartition des terres d'un manse sur trois ou quatre
points comporte nécessairement trois ou quatre soles ; cette hypothèse est d'autant plus inadmissible que certaines fermes s'accrois-
saient de champs détachés d'autres fermes, & que les champs ainsi
acquis pouvaient être situés loin des terres de la première de ces

1. P. 146, note 1.
2. P. 147, note !

exploitations; en second lieu, pour attribuer à l'assolement triennal une influence sur la forme allongée des terres, M. L. a dû implicitement supposer que les soles étaient contiguës; il admet ici, au contraire, qu'elles étaient séparées. J'ajoute que l'exemple fourni par lui prouve aussi peu que possible le partage des terres des manses en trois soles égales, puisque le manse signalé dans cet exemple est constitué par quatre lots de terrains, dont le troisième est plus grand que les deux premiers.

« La culture à trois soles amenait, comme conséquence caractéristique du système, le *flurzwang* (culture obligatoire) avec son inévitable résultante, le conflit entre voisins, & chaque essor vers un progrès économique tombait ainsi au milieu de la rotation régulière des terres en semences & en jachères. »

Je n'aurais jamais soupçonné l'assolement triennal d'être responsable de pareilles calamités. N'aurait-on pas quelque peu exagéré ses torts? Si la rotation régulière des cultures était une source de conflits entre voisins, ce que j'ignore, c'était à cause des droits d'usage, vaine pâture & parcours. Qu'un propriétaire supprimât la jachère, il restreignait par le fait même l'exercice du droit de dépaissance des voisins; il gênait encore cet exercice en changeant la nature des ensemencements & la date des récoltes. Mais ces inconvénients sont indépendants du nombre des soles.

« L'initiative du paysan était réduite à s'exercer sur les terres incultes en dehors des soles; là, chaque propriétaire de manses pouvait mettre en culture de nouveaux espaces. La surface conquise était dans ce cas mesurée (?) & considérée alors comme propriété privée, reconnaissable à sa clôture de haies. »

Le paysan aurait donc joui d'une plus grande liberté d'action sur la terre commune que sur sa terre propre; les droits d'usage de la communauté auraient entravé davantage l'initiative individuelle sur celle-ci que sur celle-là. Voilà, on en conviendra, des propositions qui sont *a priori* bien improbables & qu'il eût été bon d'accompagner d'une solide argumentation. Or, les deux documents produits[1], d'après Dom Bouquet, ne se rapportent même pas à des terres en culture, encore moins à une appropriation de ces terres. Les deux pièces, qui ont trait à un même fait & qui datent de 1030 environ, se réfèrent à un droit de viguerie usurpé, à Antony, par un nommé Garin. Garin & après lui sa veuve possédaient légitimement la viguerie sur le territoire agricole d'Antony, mais il fut décidé que ce droit ne leur appartenait pas dans le village, maisons, routes & chemins, en son état actuel ou tel que le constitueraient des accroissements ultérieurs. Je ne puis, avec la meilleure volonté du monde, trouver dans ces lignes la confirmation des théories de M. L. sur la mise en culture des communaux.

1. P. 148, note 2.

« Le mot qui désigne cette terre obtenue par *Bifang* (clôture) est *novale* ou *clausus*; les expressions *inquirendum* & *quæsitum* appartiennent à cet ordre d'idées. *Quæsitum* signifie la terre qu'on a conquise par *Bifang*, *inquirendum* le champ sur lequel on a le droit de *Bifang* (?) Tous les deux offrent un certain parallélisme avec le *cultum* & l'*incultum* qui précèdent. Avec le temps, le sens de ces deux mots s'émousse à mesure que le pays de la communauté fut transformé en terres cultivées. »

Au sujet de *novale* & de *clausus*, M. L. se borne[1] à renvoyer à Ducange, lequel serait sans doute bien étonné d'apprendre qu'il a vu dans ces termes les noms de terres « obtenues par *Bifang*. » Le fait est que le *Glossaire* ne contient rien de pareil; il attribue aux mots *novale* & *clausum* leur sens bien connu : à celui-ci, clos; à celui-là, terres nouvellement défrichées ou bien terres reposées par la jachère[2].

Le sens de *quæsitum* & *inquirendum* me paraît plus difficile à définir. Les exemples publiés par l'auteur nous apprennent seulement que ces termes étaient employés & non pas quelle en était la signification. L'acception naturelle de *quærere*, *inquirere* est bien différente de celle que M. L. prête à ces mots, & il n'est vraiment pas permis, sans démonstration préalable, de traduire *quæsitum*, « la terre qu'on a conquise par Bifang. » « On n'a pas le droit de changer la valeur d'un mot pour construire un système[3]. »

Quand je dis que les chartes citées par M. L.[4] ne nous font rien connaître sur la signification de *quæsitum* & des vocables analogues, je me trompe; de certaines de ces pièces il résulte précisément que l'explication admise par cet érudit est inacceptable : « dono... montem... cum bosco super se sito usque in exquisitum. » Il ne peut être question ici de clôtures & de défrichements. Un autre acte porte encore : « Totum ex integro usque in exquisitum. » M. L. comprend que dans ces actes, « usque in exquisitum » est l'équivalent de « usque in integrum. » Pourquoi diviser arbitrairement les documents en deux catégories : l'une où les mots ont tel sens, l'autre où ces mêmes mots ont un sens entièrement différent? L'auteur se tire d'embarras en supposant un « affaiblissement insensible du sens de ces mots. » Par malheur, les chartes qui prouveraient cet affaiblissement sont des plus anciennes parmi celles que M. L. a relevées. Je demande la permission de croire que *quæsitum* & *inquirendum* désignent les droits acquis ou à acquérir, les possessions actuelles ou à venir du manse.

On m'opposera que c'est un non-sens de donner ou de vendre *quæsitum* & *inquirendum*, les dépendances présentès & *futures* d'un manse.

---

1. P. 148, note 3.
2. Et non pas, comme le dit M. L., « jachères déjà labourées. »
3. Fustel de Coulanges, *L'alleu & le domaine rural*, p. 201.
4. P. 148, note 4.

A cette objection je répondrais qu'on trouve bien des non-sens dans les instruments du moyen âge & même des temps modernes. Je me souviens d'avoir vu affiché sur la façade de la boucherie à Andorre-la-Vieille un non-sens exactement pareil : dans l'annonce notariée d'une *cessio bonorum*, le tabellion faisait savoir que le vendeur céderait ses biens présents & à venir.

Au surplus, le manse formait une entité juridique, un ensemble de fonds unis par un lien de droit au chef-manse, comme les enfants étaient unis au père de famille, & on pouvait, à un moment donné, par une fiction dont nous connaissons d'autres cas, supposer l'existence virtuelle de ce lien entre le manse & ses dépendances futures. De même, le maître d'un ménage d'esclaves ou de serfs l'aliénait avec sa progéniture née ou à naître.

Si nous considérons l'interprétation que M. L. donne des mots *cultum* & *incultum*, nous sommes amenés à reproduire une observation que nous avons déjà émise. Voilà deux mots qui ont un sens courant, ordinaire ; sans prendre le soin d'administrer des preuves d'aucune sorte, un auteur substitue à cette acception une explication beaucoup plus compliquée & suppose que toute terre inculte est propriété collective. Cela est bien invraisemblable & on m'accordera que rien n'est moins scientifique que de prendre pour fait acquis une hypothèse de ce genre.

Je passe sous silence le reste de l'étude consacrée au manse[1] & j'arrive aux exploitations secondaires :

« A côté du manse le Sud-Ouest avait vu naître de nouvelles formes de propriétés qui, au commencement encore, étaient sous sa dépendance, mais qui devaient le vaincre plus tard & donner à l'économie rurale une nouvelle empreinte. Dans la Saintonge, en Poitou, en Limousin, jusqu'en Auvergne, ce rôle était échu à la *bordaria*. Sa base économique est l'agriculture, mais le plus souvent une industrie accessoire s'y rattache. »

Deux textes[2], tous les deux tirés du cartulaire de Beaulieu, semblent avoir suggéré à M. L. cette notion d'une industrie accessoire annexée à la *bordaria* ; du moins, dans les notes je ne trouve pas d'autres citations se rapportant à cette idée. Voici le premier texte : « Juxta ipsum mansum meum unam bordariam cum uno molendino. » Voici maintenant le second : « Mansum unum... cum ipsa bordaria & cum bosco, cum pratis, cum farinario & omnibus ad se pertinentibus. » Rien dans la première phrase ne prouve que le moulin dépendît de la *bordaria*. Il reste donc seulement le second texte, & encore il est amphibologique : *pertinentibus* peut se rapporter à *mansum* aussi bien qu'à *borda-*

---

1. Pp. 149-153.
2. P. 154, note 1.

riam &, de fait, nous verrons plus loin que **M. L.** a aussi adopté cette interprétation.

« La *bordaria* est placée comme le *mans* dans le village même, peut-être sur les limites extrêmes de l'aréa du *mans*, du côté de la plaine. »

Voici à quoi se réduisent les raisons qui induisent l'auteur à penser que la *bordaria* est dans le village : deux titres, qu'il produit[1], portent qu'elle est auprès du manse, *juxta mansum*. Mais **M. L.** admet, du moins par instants, que le manse est formé par un groupe compact de terrains : les mots *juxta mansum* indiqueraient donc plutôt que la *bordaria* est placée aux confins du territoire. En réalité, je crois qu'il n'en est rien & que la *bordaria*, dans le cas particulier dont il s'agit, était près des bâtiments de la ferme; mais si j'arrive à cette dernière conclusion, c'est parce que j'attribue aux termes *mansus* & *bordaria*, en dehors de la signification d'exploitation rurale, le sens, que **M. L.** leur refuse, d'habitation du fermier ou métayer.

La forme dubitative de la seconde partie de la phrase me dispense d'insister, de même que les réserves formulées en note[2] : « On ne peut résoudre la question sans des observations personnelles qui nous sont interdites. C'est le défaut sensible de ce livre à cet endroit & à bien d'autres, nous n'avons aucune peine à le confesser. » A merveille, & pour cette fois j'approuve sans réserve. Seulement, **M. L.** aurait été logique en se montrant moins sévère pour ses devanciers & moins affirmatif.

« C'est une propriété dépendante du *mans*, une nouvelle exploitation sur son sol, d'une dimension plus petite de moitié que celui-ci. Au point de vue économique, elle est souvent rattachée au *mansus*; cependant le lien qui les unissait à l'origine s'est rompu; la *bordaria* a sa propre exploitation qui, au début, continue à dépendre du moins en droit du propriétaire du *mans*; elle était astreinte à des redevances & prestations ou bien elle était donnée en métayage. »

Je renoncerais à discuter, parce que je ne la comprends pas, sur la situation faite à la *bordaria*, laquelle dépendrait du manse sans en dépendre; mais l'auteur a pris plus nettement position dans sa note[3], où il soutient « la qualité d'annexe du mansus qu'avait la *bordaria*. » A l'appui de cette opinion, **M. L.** invoque la teneur de trois textes que j'ai déjà reproduits : deux portent que la *bordaria* est *juxta mansum*. Cette expression se réfère, comme **M. L.** l'a compris ailleurs, à la position topographique de la *bordaria*, nullement à sa condition économique ou juridique. Le troisième texte n'est autre que cet acte où il est question d'un manse « cum ipsa bordaria... cum farinario & cum omni-

1. P. 154, note 1.
2. *Ibid.*
3. *Ibid.*

bus ad se pertinentibus. » Ici encore, M. L. se range à une interprétation contradictoire de celle qu'il a d'abord adoptée. Il avait soutenu que le moulin se rattachait à la *bordaria*; il prétend maintenant que moulin & *bordaria* dépendaient du manse. Il faudrait pourtant choisir.

Au surplus, l'auteur n'est probablement pas très convaincu, car il admet l'hypothèse d'un affranchissement de la *bordaria*. C'est un expédient & il est assez malheureux : des divers actes auxquels le lecteur est renvoyé, ceux qui sont favorables à cette thèse de l'indépendance de la *bordaria* sont plutôt les plus anciens. Voici d'ailleurs les dates respectives des uns & des autres : pour la sujétion, 1032-1060, onzième ou douzième siècle, onzième siècle ou plus tard (p. 154, note 1), onzième ou douzième siècle, onzième siècle ou plus tard (p. 155, note 1.); — contre, 1079, 1085, 1100-1130[1].

On n'a pas omis de remarquer le passage où M. L. expose que la *bordaria* est égale à la moitié du manse. La preuve qu'il en donne[2] est que le cens dû par la première s'élève à peu près à la moitié du cens payé par le second. Le fait fût-il exact d'une façon générale, — ce qui est à établir, — il serait permis de l'expliquer de diverses manières : la *bordaria* pouvait être une tenure privilégiée, ou bien se recommander à l'indulgence du seigneur foncier par l'infertilité de ses terres, par l'imperfection de son outillage. M. Deloche s'est arrêté à cette dernière opinion, que je crois être vraie, pour des motifs dont l'exposé serait trop long, & il pense que la *bordaria* était une métairie ou ferme d'ordinaire moins importante que le manse & dépourvue d'attelage pour le labour. Mais M. L., sévère en matière d'interprétation de textes, proclame insuffisantes les preuves de M. Deloche. Il est regrettable que notre auteur ait oublié ce qu'il avait écrit quelques pages plus haut[3] : « Le mansus..... n'est jamais une unité de valeur; cf. Cart. Romans, p. 127, 22 (1046-56) : est unus mansus, quem pater meus... mihi pro quatuor mansis dedit. » Ou cet exemple ne signifie rien ou il nous montre cinq manses, dont le premier vaut à lui seul autant que les quatre autres. Supposons une *bordaria* équivalant à la moitié du premier manse, elle sera égale à deux des quatre derniers. M. L. trouvera bon que je continue à suivre la manière de voir de M. Deloche.

« Vers l'Est, la conception de la *bordaria* ne se maintint pas intacte; déjà en Auvergne arrivent, à côté d'elle, d'autres créations économiques, & sur la rive gauche du Rhône le mot paraît devenir rare & ne sert plus à caractériser une forme particulière de la propriété rurale. » Je constate tout d'abord que voilà une nouvelle restriction. M. L. avait établi ses théories relatives à la *bordaria* sur des textes limousins

1. P. 154 & p. 155, note 1,
2. P. 154, note 1.
3. P. 145, note 1.

& auvergnats[1]; il élimine de ses conclusions la région de l'Est ou plutôt, je pense, du Sud-Est; en note, il paraît étendre cette élimination au Limousin & à l'Auvergne[2]. Je me demande ce qui reste, après cela, du système primitif.

« La *condamina* est répandue dans tout le Sud-Est, plus loin dans la Bourgogne jusqu'à Vienne & ensuite *dans le Limousin*. C'est un petit domaine rural, situé dans le village même, le plus souvent bâti sur l'aréa d'un *mansus*. »

Ce devait être, en effet, un bien petit domaine, puisqu'il tenait dans l'*area* d'un manse, surtout si l'on suppose avec M. L. que cette *area* mesurait quelquefois une perche carrée! Mais était-ce bien un domaine? Il était admis jusqu'à ce jour que la *condamina* était une pièce de terre. M. L. estime qu'on s'est trompé : « Nous appuyons notre opinion sur le Cart. Mâcon, pp. 20, 24 (1060-1108) : « mansum indomini- « catum cum vircariis, terris & usuariis silvarum sibi adjacentibus, « cum pratis ibidem sibi appositis & cum adjacente condamina. » Ici *condamina* ne peut signifier un simple champ, mais bien une petite exploitation établie à côté du Mansus[3] ». Je prie qu'on veuille bien remarquer ceci : la *condamina* est comprise dans l'énumération au même titre & avec les mêmes formules que *vircariis, terris, usuariis silvarum*. Ces dernières expressions désigneraient-elles autant d'espèces de domaines? Dans la négative, je ne vois pas pourquoi *adjacente condamina* ne signifierait pas un champ, puisque *terris adjacentibus* a un sens analogue.

« Les terres qui lui appartiennent sont prises en culture, le plus souvent par un petit possesseur. On n'en était pas propriétaire, mais le mobilier, comme le champ & la ferme, appartenait le plus souvent à un seigneur étranger. »

Cette phrase est de trop : elle attribue, en effet, à la *condamina* une condition qui était, au moyen âge, la condition des terres, des manses aussi bien que des condamines. M. L. publie[4] à ce propos, d'après les cartulaires de l'Yonne & de Saint-André, un extrait de deux actes, dont voici le second : « Condaminam..... quæ terra, antequam coleretur, nulli fere erat apta usui. » De ce texte il fait jaillir cette conclusion inattendue que « souvent elle (la *condamina*) commence par être défrichée », & il ajoute : « Les passages invoqués nous montrent qu'elle était très répandue dans les vallées du Rhône & de la Saône. » Dire

---

1. Je suppose qu'il s'agit de l'*Histoire de Tulle* dans cette citation : « V. Baluz. H. T., p. 427 ». Si je fais erreur, j'aurai du moins quelque droit à plaider les circonstances atténuantes.

2. « Extension de la *Bordaria*. V. pour la Saintonge & le Limousin, les passages cités ». (P. 155, note 2).

3. P. 156, note 1.

4. P. 156, note 2.

qu'un usage est *très répandu* parce qu'on en a recueilli deux cas, — o u même un seul, car l'Yonne est dans le bassin de la Seine, — c'est aller un peu vite en besogne.

« Dans le Sud, la *condamina*, de Vienne jusqu'à l'Auvergne, est appelée aussi *casale ;* elle peut être également située dans une ville & désigne seulement l'espace qu'occupe une maison. »

Des exemples que fournit M. L.[1] l'un ne nous apprend rien sur la nature du *casale,* il se borne à signaler l'un de ces biens attenant à deux champs; les autres chartes, sauf une, indiquent très explicitement que le *casale* est un terrain à bâtir; reste un acte unique, qui fait seulement connaître les dimensions du *casale : 63 stadia* carrés. Que valait au juste le *stadium?* Je l'ignore ; mais Ducange mentionne des emplacements de maisons qui mesuraient 75 *stadia* carrés. Et dans une surface moindre M. L. voudrait faire tenir un domaine !

Après le *casale,* M. L. s'attaque au *curtilus.* Cette étude est particulièrement longue.

« ..... Dans le Sud-Est de la France, le sytème [du *casale*] ne mettait donc pas en danger l'économie rurale du mansus. Le péril venait d'un autre côté. La culture fort ancienne de ces contrées devait bientôt détruire le système trop sévère de l'assolement à trois soles, en supposant qu'il ait été constitué entièrement. La fécondité du sol, dont une partie encore est appelée, entre Villefranche & Anse, la meilleure lieue de France, contribua à adoucir le rigorisme de la contrainte de la culture obligatoire. »

Cette observation heurte & renverse les théories précédemment émises sur l'assolement triennal; il en résulte, en effet, que la rotation variait avec la fertilité des fonds. Il convient d'ajouter que les mêmes causes ont produit ailleurs les mêmes effets; de ce que M. L. a constaté ces résultats seulement dans le Sud-Est, il n'est pas fondé à croire qu'ils n'existent pas ailleurs.

« Le *curtilus* est cependant l'ennemi le plus immédiat de l'économie rurale du *mansus.* Il apparaît plus tardivement que celui-ci comme l'indiquent encore les traces qu'on en trouve au onzième siècle, époque à laquelle, toutefois, le système qui s'y rattache a déjà reçu sa forme définitive. »

M. L. a trouvé cinq *curtili* dans une forêt[2]; en cherchant un peu ne trouverait-il pas aussi bien dans les bois des manses & des bordes? Ce n'est pas douteux. Voilà néanmoins un fait acquis : cinq *curtili* dans une forêt. Ce fait, l'auteur s'en saisit, & voici les conclusions qu'il en tire : « Dans ce cas il n'y a pas de doute que le *curtilus* soit une terre d'exploitation nouvelle[3] ». Il y a bien des doutes, au contraire; car il

1. P. 156, note 3.
2. P. 158, note 1.
3. *Ibid.*

a toujours existé, il existe encore, dans les pays boisés, des fermes en forêt.

Autre preuve : des *curtili* situés « in villa, quæ Novals dicitur[1] ». L'argument n'est que spécieux : il est possible que la *villa* ait pris ce nom de *Novals* bien avant l'époque assignée par M. L. à la création des *curtili*. De ce qu'une localité s'appelle Villeneuve, il ne s'ensuit pas qu'elle soit de fondation récente.

« Ce qui caractérise le *curtilus* à l'origine & plus tard aussi, d'une manière presque générale, c'est le vignoble avec les terres & les constructions associées à sa culture, c'est-à-dire une maison, la *vicaria*, le *salicetum* & quelquefois le pressoir. »

Traduisons, pour en mieux saisir la portée, la fin de cette phrase : « Le vignoble avec les terres & les constructions associées à sa culture, c'est-à-dire une maison, l'exploitation pour l'élevage des brebis, le lieu planté de saules & *quelquefois* le pressoir. »

M. L. a oublié de nous faire connaître pour quels motifs il rattache une maison, un élevage de brebis & une plantation de saules à la culture de la vigne. L'explication eût pourtant été nécessaire, autant qu'intéressante.

En fait, un certain nombre des *curtili* mentionnés par M. L. n'ont pas de vignes; pour d'autres, nous savons pertinemment qu'ils possèdent des terres labourables. Que si les vignobles sont plus fréquemment signalés dans le *curtilus* que dans le manse, le fait s'explique suffisamment par le climat des pays où le *curtilus* a existé.

A côté, l'on voit apparaître des forêts & des servitudes forestières; ces dernières donnaient sans doute (?) droit à l'écobuage; enfin des terres & particulièrement des jardins & des prairies. Le mot *curtilus* désigne par lui-même la substructure de cette culture particulière, le sol cultivable, le sol fertile, mais il est aussi employé pour toute la propriété. »

Cette remarque semble indiquer que le savant docteur, au moment où il a écrit son ouvrage, n'avait pas une grande habitude des textes du onzième siècle, sans quoi il se serait rendu compte que cette dernière phrase est applicable non pas seulement au *curtilus*, mais à tous les termes dont le haut moyen âge s'est servi pour désigner les fonds.

« Comme grandeur, le *curtilus* est de beaucoup plus petit que le *mans*. Les sources indiquent pour le *curtilus* habituel une étendue d'environ 130 *perticæ*. La valeur est correspondante à cela : les indications de prix varient entre 4 sol. 10 den. & 45 sol.; la moyenne donne une valeur de 19 1/5 sol. environ. Le prix moyen d'un manse est, au contraire, dans les contrées où le *curtilus* apparaît, de 116 2/3 sol. ».

Pour qui connaît les habitudes des rédacteurs des chartes du moyen

1. *Ibid.*

âge, & le vague de leurs indications sur les dimensions des propriétés,
pour qui sait combien peu précises étaient leur notions en fait de
mesures agraires, il est à peine utile de faire observer ce qu'il y a de
fictif dans des calculs de ce genre.

M. L. donne huit exemples[1] : deux, à titre d'exception, de *curtili*
qu'il qualifie « démesurément vastes » ; six, dont je n'ai pas pu vérifier
l'exactitude, de *curtili* « de dimensions moyennes », & ces six exemples
ne sont pas pris dans des contrées différentes, mais cités d'après le seul
cartulaire de Mâcon. D'après ces six exemples, M. L. prétend connaître la contenance des cinq cent mille exploitations rurales & plus
entre lesquelles était réparti le sol de l'Est & du Sud-Est.

La valeur des domaines est plus difficile encore à déterminer que
leur étendue. Admettons que l'on ait pu fixer la valeur réelle des mon-
naies, l'équivalence des mesures de superficie, — M. L. n'a même pas
abordé ces calculs indispensables, — la question serait loin d'être
résolue. La condition des immeubles était soumise à une très grande
diversité : le domaine direct & le domaine utile se partageaient la
valeur du sol dans des proportions infiniment variables. Voici une
vente consentie, pour une somme donnée, d'une quantité de terre
également connue : cette aliénation a-t-elle pour objet un domaine
direct insignifiant, ou bien un domaine utile grevé de si lourdes char-
ges que la part du tenancier ne représente pas le prix de son travail,
ou bien encore la propriété pleine & entière ? S'agit-il de terrains fer-
tiles ou d'un fonds improductif ? Les actes sont muets sur ces points
essentiels. On voit à quels obstacles se heurte la recherche de la
valeur, non plus seulement d'une quantité déterminée de terre, mais,
ce qui est autrement compliqué, des domaines. Me sera-t-il permis
de dire que j'ai souri quand j'ai vu un écrivain, résolvant en six lignes
cette série d'insolubles problèmes, nous apprendre le prix moyen du
manse & du *curtilus* à deux deniers près ?

« Abstraction faite d'une forte transmissibilité des fonds du sol,
l'économie du *mans*, dans le système de l'assolement à trois soles, a
deux points faibles dont les altérations doivent amener peu à peu une
complète révolution dans la culture des terres : c'est la contrainte de la
même culture & la possibilité d'un *Bifang* étendu. De ce côté, la culture de la vigne attaque directement le système du mans. Des vignes
placées dans l'intérieur des soles devaient nécessairement contrarier
le *turnus* régulier de la culture ; avec elles il ne pouvait être question
de jachères, car la vigne donnait des fruits chaque année ; la culture
obligatoire ne pouvait non plus être exercée, car la vendange ne tombait pas à la même date que la moisson. Il n'y avait qu'une issue, c'était
de donner à la culture de la vigne une sole particulière ou du moins
une partie plus étendue. On suivit quelquefois cette voie. Mais pour

---

1. P. 159, note 2.

cette décision, il était nécessaire d'une vue économique plus étendue, & d'un vif souci du développement ultérieur, deux qualités qui manquaient essentiellement au onzième siècle comme généralement dans la première partie du moyen âge.

« La culture de la vigne qui se développait de plus en plus n'avait donc d'autre ressource que le *Bifang*. Elle s'introduisit par tous les points où le *mans* paraissait menacé. C'est la voie qui fut suivie par le Sud-Est. Tantôt les sources parlent de vignobles situés aux limites des champs, tantôt la forme des pièces de terre sur lesquelles elle est placée indiquent qu'elles appartiennent au *Bifang*. »

L'argumentation se résume en ceci : la vigne n'étant pas soumise à l'assolement, tandis que les terres des manses y étaient assujetties, la vigne sortit du manse & fut transférée dans les *curtili*. C'est ce qui fit la fortune des *curtili*, parce que la viticulture prit une grande extension, — du moins M. L. le suppose. Ce raisonnement ne tient pas, parce qu'il y a toujours eu des vignes dans les manses des pays viticoles & parce que ces vignes ont été nécessairement exemptées des obligations de cette loi de la culture périodique, que M. L. fait si fréquemment intervenir dans le débat, sans en avoir démontré l'existence.

Quelles preuves positives l'auteur donne-t-il de ses assertions ? Il a relevé dans le cartulaire de Sauxillanges[1] la mention de vingt-quatre vignes d'un tenant. Mais ce fait est peut-être, il est probablement indépendant des considérations auxquelles le rattache M. L. Si, dans le territoire de certains villages, les vignobles étaient groupés sur un point, c'est parce que ce point était plus propre à ce genre de culture. Je présume que les champs étaient dans la plaine & les vignes sur les coteaux pierreux.

Les laborieuses recherches de M. L. lui ont permis de découvrir dans le cartulaire de Mâcon des vignes, dont le nombre s'élève à quatre, où la largeur est à la longueur dans le rapport de 3o, 33 & 69 pour 100[2]. L'ingénieux historien y voit une preuve que ces vignes sont des enclos nouvellement défrichés, de même que la forme allongée des parcelles de terre est un indice qu'elles subissent le joug de l'assolement triennal. J'admire très sincèrement le parti qu'une certaine école historique peut tirer des observations les plus insignifiantes. M. L. aurait bien dû compléter ses théories & nous dire comment étaient taillées les terres qui étaient à la fois « conquises par *Bifang* » & assolées; car enfin il en signale lui-même un certain nombre dans ce cas. Je suppose que leur configuration n'était pas sans analogie avec la condition de la *bordaria*; elles étaient allongées sans l'être positivement.

1. P. 16o, note 2.
2. P. 161, note 1.

« La situation topographique qui caractérise la culture de la vigne devait avoir une influence durable sur sa base, le *curtilus*. Celui-ci ne peut strictement exister que sur les terres conquises par *Bifang*. »

Divers *curtili* sont aliénés *usque in exquisitum* ; M. L. les signale [1]. C'est très bien ; mais il a cité un plus grand nombre de ces expressions à propos des manses & des forêts. Elles peuvent donc s'appliquer à des fonds autres que les biens des *curtili* & les terres encloses.

« Il s'étend isolé au milieu de son exploitation avec sa sortie & son entrée particulière. »

Voilà encore une phrase que je crois bonne à retrancher. Est-ce que toutes les exploitations rurales n'avaient pas des chemins d'accès ? J'aurais néanmoins glissé sur cette proposition si M. L. n'avait pas aggravé, en note, l'erreur du texte [2]. Sait-on de quelles preuves il appuie sa citation ? Des passages de certains actes portant cession de *curtili* « cum exitibus & regressibus. » Un érudit qui n'est pas sans quelque autorité en ces matières, Ducange, a dit que cette locution exprimait les fruits & revenus. M. L. veut bien convenir que « sans doute on trouve dans ce sens *exitus* & *regressus ;* mais il n'est pas du tout établi qu'ils n'en ont pas d'autres. » Le motif est véritablement insuffisant.

« Rien n'empêche que ses terres fassent un tout compact en face du morcellement du mans. Par sa situation même, le *curtilus* a un rapport très étroit avec lui. Aucun *curtilus* ne peut exister sans *mansus*, car seul le propriétaire de celui-ci a droit au *Bifang*. Nous trouvons donc souvent des manses avec leur *curtilus* & ceux-ci peuvent s'élever au minimum de trois, conformément à l'assolement à trois soles. »

Je ne saisis pas le rapport qui peut exister entre la rotation de la culture & le nombre de *curtili* dépendants d'un manse.

De plus, en ce qui concerne le nombre des *curtili*, qui s'élèverait au minimum de trois par manse, j'interroge les témoignages invoqués par l'auteur [3] & je trouve : 1° un manse avec *un curtilus ;* 2° un demi-manse avec *un curtilus ;* 3° un propriétaire qui a trois *curtili*, sans qu'il soit dit qu'il possède un manse ; en un mot, on rencontre un peu de tout dans ces textes, excepté la confirmation des théories de l'auteur.

« Il est vraisemblable qu'un *mansus* ainsi complété était désigné par l'épithète de *melioratus*. »

Je me bornerai à remarquer que M. L., ici encore, rejette la signification normale d'un mot pour lui substituer un sens détourné que rien ne justifie.

« Economiquement il en était facilement autrement. Il est naturel que chacun place son *Bifang* aux limites extrêmes de son propre mans,

1. P. 161, note 2.
2. P. 161, note 3.
3. P. 162, note 1.

mais il arrivait alors que ce champ était dans une situation meilleure pour être exploité du *curtilus* que du *mansus* qui était plus éloigné. Combien était-il simple d'exploiter d'abord le terrain appartenant proprement au *mans,* champ, prairie ou forêt, en prenant pour point de départ le *curtilus,* & d'en revendiquer ensuite la propriété sous forme de droit d'usage ! On peut voir encore la trace de ce procédé dans les quelques bribes que nous a gardées la tradition. »

M. L. ne s'est pas souvenu qu'il existait des *curtili* indépendants, au moins en fait, & que par la force des choses ces *curtili* devaient avoir des terres *indominicatas* & des forêts. Il part de ce principe que le *curtilus* est nécessairement un annexe du manse & que le manse seul peut posséder des forêts. Cependant ses notes[1] font mention d'un *curtilus* avec une vigne *indominicata,* d'un autre *curtilus* avec une parcelle de bois; ces faits n'infirment-ils pas le système de M. L. ? Il paraît que non. A la vérité, il a fallu à l'auteur, pour accorder ses idées & ses textes, recourir à une hypothèse ; mais il ne lui en coûte pas d'user de cet expédient. Nous allons le constater une fois de plus.

« Ainsi disparaît la dernière barrière économique entre le *mans* & le *curtilus.* Si le dernier reste encore le bien de la famille, le second une dépendance, leur propriétaire commun doit à tous les deux également travail & succès. L'inconvénient de cette division devait mener à un nouveau développement : ou le possesseur consacre toute sa peine au *curtilus* & rattache à lui autant que possible toutes les terres environnantes, ou il aliène l'un de ces deux centres économiques. »

En note[2] :

« On trouve *souvent* des curtili indépendants, qui supposent donc une aliénation ou quelque *Bifang* en faveur d'un fils cadet. » Encore une hypothèse, & d'une belle hardiesse !

Nous constatons, en outre, une fois de plus l'emploi d'un procédé dont M. L. abuse véritablement ; il formule une loi générale, par exemple : « Aucun *curtilus* ne peut exister sans *mansus*; » mais cette loi n'a rien de réel & les faits la contredisent : « On trouve *souvent* des curtili indépendants. » L'auteur va-t-il renoncer à sa découverte ? Nullement ; il suppose une dérogation, une exception, dans laquelle il range les faits qui le gênent. Par malheur, ici comme plus haut, les dérogations seraient plus anciennes que la règle ; les exemples que M. L. a recueillis[3] de *curtili* indépendants remontent aux premières années du onzième siècle.

« Quel que soit le cas qui se présente, le *curtilus* devient toujours libre de toute dépendance & est séparé du vieux droit du *mansus.* Les entraves de la culture spéciale, les liens de dépendance juridiques &

1. P. 163, note 1.
2. P. 163, note 3.
3. P. 163, note 3.

économiques sont rompus & le *curtilus* exerce en face du *mansus* une
concurrence triomphante dans les questions de la culture obligatoire
& de la disposition des champs. Sa valeur s'élève par rapport à celle
du *mansus*, sa grandeur augmente. »

En note [1], après avoir signalé des *curtili* importants, d'après des textes
de 1013, 1020, 996-1031 : « Ces exemples doivent être considérés
comme des exceptions à une règle incontestablement plus ancienne. »
C'était fatal !

« Une confusion s'établit bientôt dans l'emploi des mots *curtilus* &
mansus. Comment aurait-on pu maintenir une différence dans les idées,
quand cette différence était devenue si faible dans les faits ? Le *curtilus* est surtout désigné par l'expression de *mansus* quand il est un
peu plus grand que d'ordinaire. »

Relèverai-je ce fait que les textes mêmes publiés par M. L. sont en
désaccord formel avec ces assertions ? Il paraît que c'est un détail : les
rédacteurs des chartes, quand ils contredisent M. L., se sont trompés,
& l'auteur n'en a pas moins raison contre les faits & contre les documents. Je n'invente pas : un acte du cartulaire de Savigny dénomme
manse, à deux reprises au moins, une exploitation rurale ; mais cette exploitation a des vignes & elle est close. Faut-il en conclure que le manse
avait quelquefois une clôture & des vignes ? Erreur profonde. « Tout
est réuni, donc en *Bifang* ; » ce manse est donc un *curtilus* plus grand
que les autres ; la charte dit le contraire, mais M. L. le suppose. Un
autre manse, avec une vigne & les dépendances mesure 300 p. c.
(perches, pieds, pouces ?) : « donc sûrement un curtilus. » Ailleurs,
« on trouve la confusion contraire ; » ailleurs encore, « le curtilus
réuni à un moulin revêt déjà une signification plus indéterminée. »
Mais avec de l'ingéniosité on vient à bout de bien des difficultés.
M. L. corrige les faits, rectifie les actes, & contre les actes & les faits
il dresse ses hypothèses triomphantes.

Je renonce à suivre ses dissertations sur la *cabannaria*, sur l'*appen
daria*, dont « le nom même indique le terrain conquis par *Bifang*, »
& je résume ce trop long travail.

Les pages que je viens d'examiner présentent un triple défaut : elles
ont pour objet un ensemble de questions qu'il est, pour ainsi dire,
impossible de résoudre ; de plus, les investigations sont incomplètes ;
enfin, les textes sont imparfaitement étudiés & à peu près invaria-
blement mal interprétés.

Ee premier lieu, je ne pense pas que l'on puisse déterminer sérieu-
sement, pour l'ensemble de la France, les lois intimes de l'économie
rurale au onzième siècle. Il faudrait procéder par synthèse après avoir
résolu séparément le problème pour chaque province, & la rareté des
documents ne le permet pas. On aurait tort de prétendre d'ailleurs

---

1. P. 164, note 1.

que les lacunes de l'information, en ce qui concerne une région, sont compensées par les documents d'une autre région ; car il y a bien des chances pour que la condition des terres soit, dans l'une, différente de ce qu'elle est dans l'autre.

Le défaut que je signale n'est que trop commun aujourd'hui. Il est une école qui semble ne pas se rendre compte que certains points du domaine historique sont à jamais inaccessibles. Elle torture, pour leur arracher un secret qu'ils ne possèdent pas, des textes d'une insuffisance manifeste ; elle cherche un sens technique sous les locutions les plus vagues de cette langue du haut moyen âge, si dénuée de justesse & de précision ; elle élève tout un système de théories sur un livre, sur un fait, sur un mot, sans s'apercevoir que l'authenticité du livre n'est pas absolument démontrée, que le fait admet plusieurs explications contradictoires, qu'une très légère modification du mot renverse toute l'argumentation. Est-ce à dire que ses adeptes manquent d'intelligence ? Loin de là, ils dépensent souvent un talent & une ingéniosité rares en des ouvrages trop semblables à ce colosse d'airain aux pieds d'argile, qu'une pierre détachée de la montagne suffit à renverser. Le grand tort de cette école, c'est de ne pas savoir douter de ses forces ni des moyens dont elle dispose ; comme la philosophie scolastique décadente, elle vit d'arguties & préfère l'erreur à un sincère aveu de son impuissance.

Il n'y a donc pas trop de textes pour qui s'enquiert de l'état économique du onzième siècle, il n'y en a même pas assez, & un écrivain n'a le droit de dédaigner aucune source. Or, M. L. en a négligé un grand nombre : il est aisé de s'en assurer en rapprochant de la liste des quelques cartulaires qu'il a dépouillés l'état bibliographique placé par M. J. Flach en tête de son premier volume sur *Les origines de l'ancienne France*. Il est à peine croyable qu'au cours de cette longue dissertation sur les exploitations rurales dans le sud de la France je n'ai pas trouvé une seule fois citées les pièces justificatives de l'*Histoire de Languedoc*, ni l'*Appendix* du *Marca hispanica*, ni les *Instrumenta* du *Gallia Christiana*.

Non seulement M. L. s'en est tenu à un nombre extrêmement restreint de documents, mais il n'en a guère vu que d'une sorte, les cartulaires. C'est encore une faute ; car, par suite de l'objet de ces recueils, toute une série de pièces en est exclue. J'étudiais, il y a quelque temps, la situation des anciennes classes rurales du Roussillon ; je n'ai pas découvert pour le treizième siècle une seule mention de baux à ferme dans les cartulaires & les terriers, pas une dans les textes de coutumes ; j'en ai rencontré des quantités dans les registres de notaires.

Encore si M. L. avait laissé aux actes leur sens vrai, leur signification naturelle ! Mais on a vu que ses citations ne portent pour ainsi dire jamais & que l'argumentation de l'érudit professeur de Bonn roule d'ordinaire sur des hypothèses gratuites & sur de véritables contre-sens.

En somme, j'estime que les conclusions de M. L. ne doivent pas prévaloir sur les théories admises jusqu'à ce jour; si on désire des indications précises & sûres sur l'acception des termes par lesquels on a désigné les très anciennes exploitations rurales de la France, il convient de continuer à les chercher dans les ouvrages de Guérard, de M. Delisle, de M. Deloche & de notre vieux Ducange.

Auguste BRUTAILS.